ACADEMIC

KOREAN SPEAKING

Intermediate Level I

대학 강의 수강을 위한

한국어 말하기

중급 I

연세대학교 한국어학당 편

연세대학교 출판문화원

대학 강의 수강을 위한

한국어 말하기 (중급 I)

편저자 연세대학교 한국어학당 교재편찬위원회
집필진 한송화·강혜림·조인옥·박민진·박지원
펴낸곳 연세대학교 출판문화원

주소 서울시 서대문구 연세로 50
전화 02) 2123-3380~2
팩스 02) 2123-8673
ysup@yonsei.ac.kr
http://www.yonsei.ac.kr/press
등록 1955년 10월 13일 제9-60호
인쇄 화신문화(주)
삽화 문춘경 외

2012년 5월 25일 1판 1쇄 2026년 3월 13일 1판 13쇄
ISBN 978-89-7141-988-5 (08710)
978-89-7141-987-8 (세트)

값 8,000원

머리말

국내 최고의 명성으로 한국어 교육의 50년 전통을 이어 온 연세대학교 언어연구교육원 한국어학당에서는 한국어 교육의 질을 높이기 위해 그동안 많은 교재를 편찬해 왔다. 최근 한국 내 대학, 대학원에서 수학하고 있거나 진학하고자 하는 외국인이 증가함에 따라 학문을 목적으로 하는 한국어 교재에 대한 학습자들의 요구가 높아지고 있다. 이에 따라 연세대학교 언어연구교육원 한국어학당에서는 대학 수학을 목적으로 하는 외국인 유학생들을 대상으로 한국어와 한국 문화를 교육할 수 있는 새로운 교재를 출간하게 되었다.

연세대학교 언어연구교육원 한국어학당에서 출간하는 이 교재는 대학 생활에 필요한 의사소통 기능을 집중적으로 향상시킬 수 있는『대학 생활을 위한 한국어』시리즈와 대학에서의 수학 능력을 집중적으로 향상시킬 수 있는『대학 강의 수강을 위한 한국어』시리즈로 되어 있다.『대학 생활을 위한 한국어』시리즈는 초급 학습자를 위한『대학 생활을 위한 한국어 초급』, 중급 학습자를 위한『대학 생활을 위한 한국어 중급 I』,『대학 생활을 위한 한국어 중급 II』로 되어 있으며,『대학 강의 수강을 위한 한국어』시리즈는 중급 학습자를 위한『대학 강의 수강을 위한 한국어 중급 I』,『대학 강의 수강을 위한 한국어 중급 II』그리고 고급 학습자를 위한『대학 강의 수강을 위한 한국어 고급』으로 되어 있다.

『대학 생활을 위한 한국어』시리즈는 한국어 학습 단계별로 요구되는 내용을 주제로 말하기, 듣기, 쓰기 능력을 향상할 수 있도록 다양한 과제와 활동으로 구성된 분리형 교재이다. 그리고『대학 강의 수강을 위한 한국어』시리즈는 대학 수학에서 요구되는 기능과 장르를 중심으로 말하기, 듣기, 쓰기, 읽기 능력을 향상할 수 있도록 실용적인 과제와 활동으로 구성된 분리형 교재이다. 이들 교재에서는 학습자들이 흥미를 가질 수 있는 주제와 상황을 기초로 여러 가지 의사소통 기능 및 전략을 배울 수 있도록 배려하였다.

『대학 생활을 위한 한국어』와『대학 강의 수강을 위한 한국어』가 연세대학교 언어연구교육원 한국어학당에서 공부하는 학생들뿐만 아니라 한국 내에서 대학, 대학원 수학을 목적으로 하고 있는 모든 한국어 학습자들에게 도움이 되기를 바란다.

연세대학교 언어연구교육원
한국어학당 교재편찬위원회

일러두기

- 『대학 강의 수강을 위한 한국어 말하기 중급 I』은 총 10개의 단원으로 이루어져 있고 뒤에 어휘 및 문법 색인이 학습자를 위한 자료로 붙어 있다.
- 각 단원에서는 제목과 함께 담화 형식 및 기능이 드러나도록 학습목표가 제시된다.
- 각 단원은 모두 세 단계로 구성되며, 이는 [준비해 봅시다], [이야기해 봅시다], [정리해 봅시다]로 구성된다.

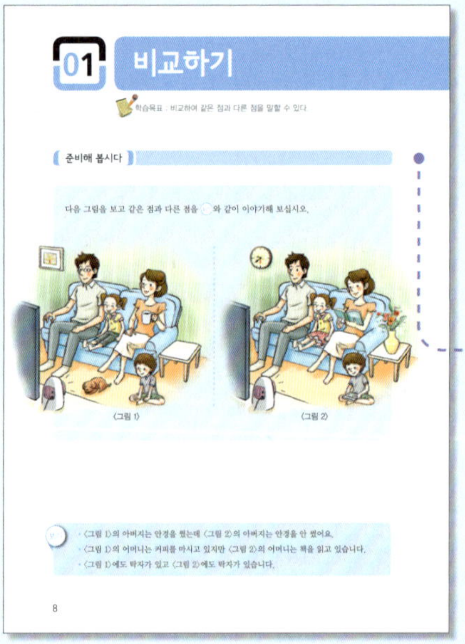
01 비교하기

학습목표 : 비교하여 같은 점과 다른 점을 말할 수 있다

준비해 봅시다

다음 그림을 보고 같은 점과 다른 점을 보기와 같이 이야기해 보십시오.

〈그림 1〉 〈그림 2〉

- 〈그림 1〉의 아버지는 안경을 썼는데 〈그림 2〉의 아버지는 안경을 안 썼어요.
- 〈그림 1〉의 어머니는 커피를 마시고 있지만 〈그림 2〉의 어머니는 책을 읽고 있습니다.
- 〈그림 1〉에도 탁자가 있고 〈그림 2〉에도 탁자가 있습니다.

8

준비해 봅시다

도입 단계로서 단원의 학습목표 기능에 대한 선지식을 불러일으킬 수 있는 말하기 활동으로 구성된다.

- 학습목표 기능에 대한 선지식을 불러일으킬 수 있는 준비 활동으로서 간단한 말하기 활동을 할 수 있는 삽화, 도표, 도식 등의 자료가 제시된다.
- 목표 기능과 관련된 말하기에 필요한 표현 형식을 확인할 수 있도록 모범 문장이 제시된다.

이야기해 봅시다

총 3단계로 구성되며, 각 단계는 통제된 말하기에서 자유로운 말하기로 단계적으로 진행할 수 있도록 구성되었다.
각 단원의 학습목표 기능에 필요한 문법 및 표현 목록이 제시된다.

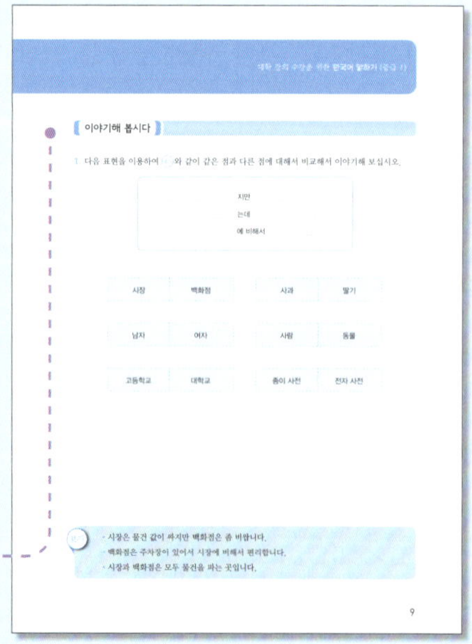
대학 강의 수강을 위한 한국어 말하기 (중급 I)

이야기해 봅시다

1. 다음 표현을 이용하여 보기와 같이 같은 점과 다른 점에 대해서 비교해서 이야기해 보십시오.

지만
는데
에 비해서

시장	백화점	사과	딸기
남자	여자	사람	동물
고등학교	대학교	종이 사전	전자 사전

- 시장은 물건 값이 싸지만 백화점은 좀 비쌉니다.
- 백화점은 주차장이 있어서 시장에 비해서 편리합니다.
- 시장과 백화점은 모두 물건을 파는 곳입니다.

9

[1]단계에서는 문장 단위 혹은 1turn 단위의 대화로 목표 기능 담화를 할 수 있도록 자료와 모범 발화가 제시된다.

[2]단계에서는 이전 단계에서 간단히 연습한 발화를 좀 더 긴 발화로 발전시켜 주어진 삽화나 도표 등을 보면서 발표 및 토론을 할 수 있도록 자료와 모범 발화가 제시된다.
[2]단계에서는 유사한 발화를 반복 연습할 수 있도록 주제를 달리하여 2-3개의 자료가 제시된다.

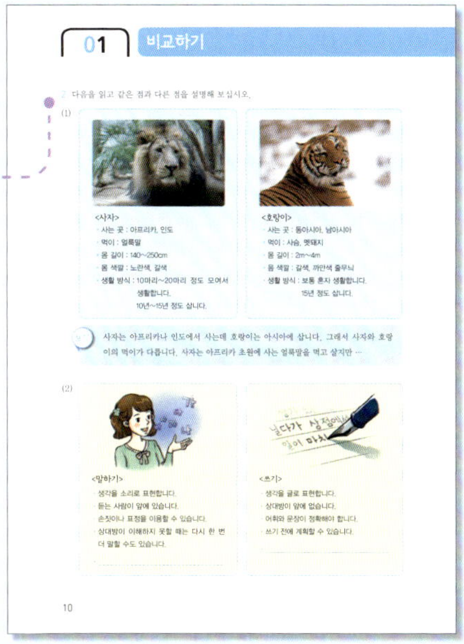

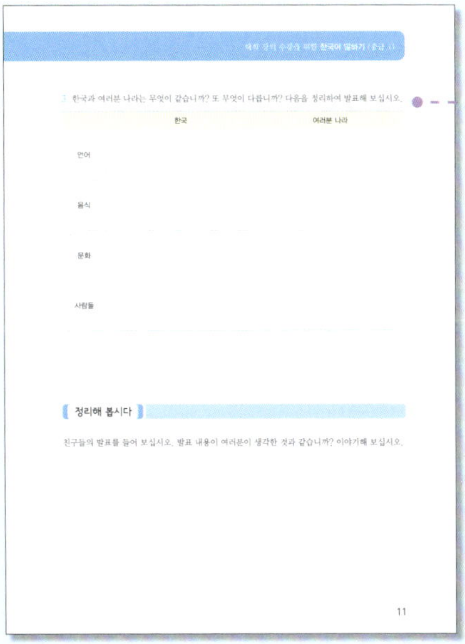

[3]단계에서는 학습자가 자신의 발표 혹은 토론을 구성해 보는 단계이다. 이에서는 학습자가 스스로 자신의 자료 혹은 지식, 경험 등을 이용하여 발표 혹은 토론 담화를 구성할 수 있도록 활동지가 제시된다.

정리해 봅시다

말하기 목표 기능에 대한 지식의 전건 혹은 평가를 통해 말하기 활동을 정리하고 마무리한다.

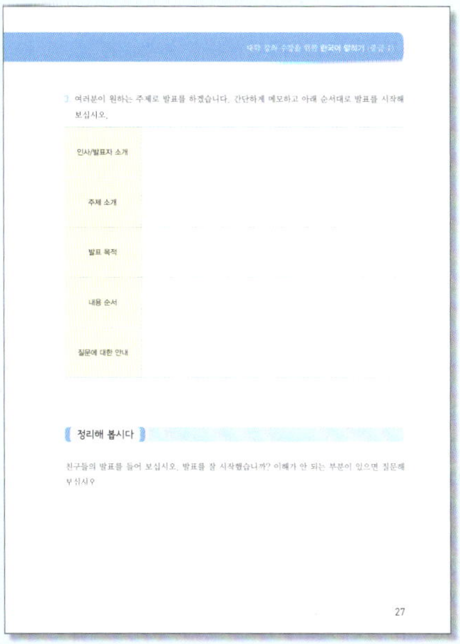

차례

내용 구성

과	제목	과제와 기능	문법 및 표현
1	비교하기	같은 점과 다른 점 말하기	-지만 -는데 -고
2	장단점 말하기	좋은 점과 나쁜 점 말하기	-지만 -기는 하지만
3	나열하기	나열해서 말하기	나열할 때 쓰는 담화 표지
4	이유 말하기	이유 설명하기	-어서 -으니까 -기 때문에
5	발표 시작하기	발표 시작하기	발표를 시작할 때 쓰는 표현
6	의견 제시하기	의견 제시하기	의견을 제시할 때 쓰는 표현
7	근거 설명하기	자료와 근거 제시하여 말하기	을/를 보면 에 따르면
8	자세히 설명하기	자세히 설명하기	덧붙여 말할 때 쓰는 표현
9	발표 마무리하기	발표 내용 요약하여 말하기	-는다는 말입니다. 정리하면
10	바르게 말하기	바른 태도로 발표하기	-

01 비교하기

학습목표 : 비교하여 같은 점과 다른 점을 말할 수 있다.

준비해 봅시다

다음 그림을 보고 같은 점과 다른 점을 보기와 같이 이야기해 보십시오.

〈그림 1〉

〈그림 2〉

보기

- 〈그림 1〉의 아버지는 안경을 썼는데 〈그림 2〉의 아버지는 안경을 안 썼어요.
- 〈그림 1〉의 어머니는 커피를 마시고 있지만 〈그림 2〉의 어머니는 책을 읽고 있습니다.
- 〈그림 1〉에도 탁자가 있고 〈그림 2〉에도 탁자가 있습니다.

이야기해 봅시다

1. 다음 표현을 이용하여 보기와 같이 같은 점과 다른 점에 대해서 비교해서 이야기해 보십시오.

_______________ 지만 _______________

_______________ 는데 _______________

_______________ 에 비해서 _______________

시장	백화점		사과	딸기
남자	여자		사람	동물
고등학교	대학교		종이 사전	전자 사전

보기

- 시장은 물건 값이 싸지만 백화점은 좀 비쌉니다.
- 백화점은 주차장이 있어서 시장에 비해서 편리합니다.
- 시장과 백화점은 모두 물건을 파는 곳입니다.

2. 다음을 읽고 같은 점과 다른 점을 설명해 보십시오.

(1)

<사자>

- 사는 곳 : 아프리카, 인도
- 먹이 : 얼룩말
- 몸 길이 : 140~250cm
- 몸 색깔 : 노란색, 갈색
- 생활 방식 : 10마리~20마리 정도 모여서 생활합니다.
10년~15년 정도 삽니다.

<호랑이>

- 사는 곳 : 동아시아, 남아시아
- 먹이 : 사슴, 멧돼지
- 몸 길이 : 2m~4m
- 몸 색깔 : 갈색, 까만색 줄무늬
- 생활 방식 : 보통 혼자 생활합니다.
15년 정도 삽니다.

보기 사자는 아프리카나 인도에서 사는데 호랑이는 아시아에 삽니다. 그래서 사자와 호랑이의 먹이가 다릅니다. 사자는 아프리카 초원에 사는 얼룩말을 먹고 살지만 …

(2)

<말하기>

- 생각을 소리로 표현합니다.
- 듣는 사람이 앞에 있습니다.
- 손짓이나 표정을 이용할 수 있습니다.
- 상대방이 이해하지 못할 때는 다시 한 번 더 말할 수도 있습니다.
- ______________________

<쓰기>

- 생각을 글로 표현합니다.
- 상대방이 앞에 없습니다.
- 어휘와 문장이 정확해야 합니다.
- 쓰기 전에 계획할 수 있습니다.
- ______________________

3. 한국과 여러분 나라는 무엇이 같습니까? 또 무엇이 다릅니까? 다음을 정리하여 발표해 보십시오.

	한국	여러분 나라
언어		
음식		
문화		
사람들		

정리해 봅시다

친구들의 발표를 들어 보십시오. 발표 내용이 여러분이 생각한 것과 같습니까? 이야기해 보십시오.

02 장단점 말하기

학습목표 : 장점과 단점을 말할 수 있다.

준비해 봅시다

다음은 여행할 때 자동차를 이용하는 것과 기차를 이용하는 것의 장점과 단점입니다. 보기와 같이 이야기해 보십시오.

- 기차 시간에 맞추어서 여행 계획을 세워야 합니다.
- 운전하지 않아도 되기 때문에 편하게 쉴 수 있습니다.
- 무거운 짐을 들고 다니지 않아도 됩니다.
- 시간에 맞추어 여행 계획을 세울 때 편리합니다.
- 여행하는 동안에도 가고 싶은 곳으로 여행지를 바꿀 수 있습니다.
- 길이 막혀서 시간이 오래 걸릴 수 있습니다.
- 여행 계획을 자유롭게 세울 수 있습니다.

보기
- 자동차를 이용하면 자유롭기는 하지만 길이 막힐 수 있어요.
- 기차를 이용하면 여행 계획을 세울 때 편리하지만 짐을 들고 다니는 것이 힘들어요.

이야기해 봅시다

1. 다음 표현을 이용하여 (보기)와 같이 장점과 단점에 대해서 이야기해 보십시오.

______ 지만 ______
______ 기는 하지만 ______

	장점	단점
유학	• 여러 가지 경험을 할 수 있습니다.	• 가족과 떨어져서 지내기 때문에 외롭습니다.
해외여행		
스마트폰		

보기 다른 나라에 가서 공부를 하면 여러 가지 경험을 할 수 있어서 좋기는 하지만 가족과 떨어져서 지내기 때문에 좀 외롭습니다.

02 장단점 말하기

2. 다음을 읽고 각각의 장단점에 대해서 이야기해 보십시오.

(1) 텔레비전의 장단점

- 우리에게 여러 가지 자세한 정보를 줍니다.
- 가족과 대화할 시간이 부족해집니다.
- TV 시청 때문에 다른 일을 못 하게 됩니다.
- 눈이 나빠지고 피곤해집니다.
- ______________________________

____

보기 텔레비전은 여러 가지 장단점이 있습니다. 우리에게 여러 가지 자세한 정보를 주기는 하지만 가족과 대화할 시간이 부족해집니다. 그리고…

(2) 애완동물 기르기의 장단점

- 동물의 귀여운 모습을 보면서 행복을 느낄 수 있습니다.
- 동물에게 힘들었던 이야기를 하면서 스트레스를 풀 수 있습니다.
- 동물이 병원에 가면 많은 돈을 써야 하고, 먹이나 장난감을 사는 데에도 돈이 많이 듭니다.
- ______________________________

____

3. 인터넷의 장단점에 대해서 정리하고 이야기해 보십시오.

장점	단점
• 정보를 쉽게 찾을 수 있습니다.	• 틀린 정보도 많습니다.

정리해 봅시다

친구들의 발표를 들어 보십시오. 장점과 단점에 대해서 잘 설명했습니까? 장점과 단점이 더 있으면 이야기해 보십시오.

03 나열하기

학습목표 : 여러 가지 사실을 나열해서 말할 수 있다.

준비해 봅시다

요즘과 10년 후의 전망이 좋은 직업입니다. 다음 표를 보고 보기와 같이 이야기해 보십시오.

요즘	전망이 좋은 직업	10년 후
1위	판사, 검사, 변호사	2위
2위	의사, 한의사, 약사	4위
3위	교수, 연구원	3위
4위	교사, 작가, 연예인	5위
5위	요리사, 주방장	1위
기타	운동선수, 미용사, 경찰 등	기타

보기 요즘 사람들이 생각하는 전망이 좋은 직업은 1위가 판사, 2위가 의사, 3위는 교수, 4위는 교사와 연예인, 5위는 요리사였습니다. 그리고 그 외 기타로는 운동선수 등이었습니다.

이야기해 봅시다

1. 다음 표현을 이용하여 (보기)와 같이 나열해서 이야기해 보십시오.

> 첫째, 둘째, 셋째…
> 첫 번째, 두 번째, 세 번째…
> 먼저, 다음으로
> 마지막으로, 끝으로

심장병의 원인

1. 비만
2. 흡연
3. 운동 부족
4. 오랜 시간 TV 시청
5. 오랜 시간 운전

에너지를 절약하는 방법

1. 창문에 커튼을 답니다.
2. 빨래는 일주일에 한 번 모아서 합니다.
3. 가스레인지의 불꽃을 약하게 합니다.
4. 컴퓨터를 안 쓸 때는 전원을 끕니다.
5. 냉장고는 가득 채우지 않습니다.

담배를 끊는 순서

1. 스트레스와 술자리가 없는 기간을 2개월쯤 정합니다.
2. 주변 사람들에게 알립니다.
3. 담배 대신 껌, 사탕, 물 등을 자주 먹고 2주 동안 담배를 줄입니다.
4. 2주 후 담배를 완전히 끊습니다.
5. 그 후 한 달 동안 잘 유지합니다.

보기 심장병의 원인은 여러 가지가 있습니다. 첫째 비만, 둘째 흡연, 셋째는 운동 부족입니다. 그리고 오랜 시간 TV를 시청하는 것과 운전하는 것도 심장병의 원인이 됩니다.

03 나열하기

2. 다음을 보고 이야기해 보십시오.

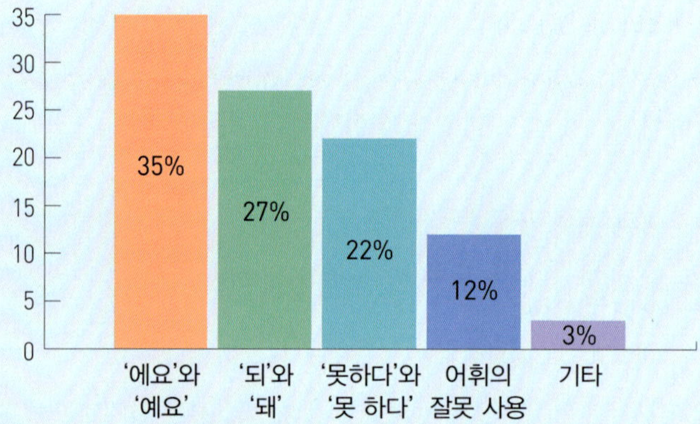

| 한국 사람이 가장 많이 틀리는 말 |

보기 한국 사람들이 가장 많이 틀리는 말은 첫째, '에요'와 '예요'였고, 둘째는 '되'와 '돼', 셋째는 '못하다'와 '못 하다'였습니다. 그리고 마지막으로 어휘를 잘못 사용하는 경우가 많은 것으로 나타났습니다.

노화를 이기는 법칙

1. 운동
2. 적절한 식습관
3. 적절한 몸무게 유지하기
4. 7시간 정도 수면하기
5. 금연과 절주
6. 긍정적인 마음과 스트레스 관리
7. 정기적인 건강 검진 받기
8. 경제적인 안정

3. 다음 주제에 대하여 내용을 정리해 보고 이야기해 보십시오.

1. 한국말 단어를 외우는 방법	2. 물건을 선택하는 기준

1. ____________________
2. ____________________
3. ____________________
4. ____________________

정리해 봅시다

친구의 발표를 들어 보십시오. 추가할 내용이 있으면 더 이야기해 보십시오.

04 이유 말하기

학습목표 : 이유를 설명할 수 있다.

준비해 봅시다

이유를 설명하려고 합니다. (보기)와 같이 이야기해 보십시오.

좋은 재료를 사용했습니다.	시골에는 노인들만 삽니다.
경제 상황이 나쁩니다.	중국식 건물이 많습니다
버스 전용 차로가 있습니다.	생활비가 많이 듭니다.
젊은이들이 도시로 갔습니다.	건물이 깨끗합니다.
중국 문화의 영향을 받았습니다.	버스는 밀리지 않습니다.
물가가 비쌉니다.	품질이 좋습니다.
건물을 새로 지었습니다.	취직하기가 어렵습니다.

보기
- 좋은 재료를 사용해서 품질이 좋습니다.
- 좋은 재료를 사용했기 때문에 품질이 좋습니다.

이야기해 봅시다

1. 다음 표현을 이용하여 (보기)와 같이 이유를 이야기해 보십시오.

______________	어서	______________
______________	으니까	______________
______________	기 때문에	______________

땅속에 산다. •	• 잘 볼 수 없다.
땅속에 벌레가 많다. •	• 눈이 안 보여도 괜찮다.
시력이 아주 나쁘다. •	• 땅속에서 살게 되었다.
잘 볼 수 없다. •	• 땅 속에서 살기에 좋다.
앞발이 숟가락 같다. •	• 귀가 발달했다.
다리가 짧다. •	• 땅을 파기 좋다.

어렸을 때 가난했다. •	• 공장에서 일했다.
돈을 벌어야 했다. •	• 학교에 다닐 수 없었다.
공장에서 열심히 일했다. •	• 프랑스로 유학을 갔다.
화가가 되고 싶었다. •	• 그림을 배울 수 있었다.
프랑스는 물가가 비쌌다. •	• 돈을 모을 수 있었다.
좋은 선생님을 만났다. •	• 생활하기가 힘들었다.

(보기) 두더지는 땅속에서 삽니다. 땅속에서 살기 때문에 눈이 안 보여도 괜찮습니다.

04 이유 말하기

2. 다음 자료를 보고 이유를 설명해 보십시오.

(1) 우리 몸에 어떤 음식이 좋습니까? 다음을 연결하고 (보기)와 같이 이유를 설명해 보십시오.

귤	돼지 족발	미역	우유	고구마
비타민C가 많이 들어있다.	콜라겐이 많이 들어 있다.	칼로리가 낮다.	단백질이 많이 들어 있다.	섬유소가 많다.

피부에 좋다	감기에 좋다	키가 크는 데 도움이 된다	변비에 좋다	다이어트에 좋다

보기 우리 몸에 좋은 음식은 여러 가지가 있습니다. 귤은 비타민C가 많아서 감기에 좋습니다.

(2) 한국은 지역마다 발달한 것이 다릅니다. 각각을 설명해 보십시오.

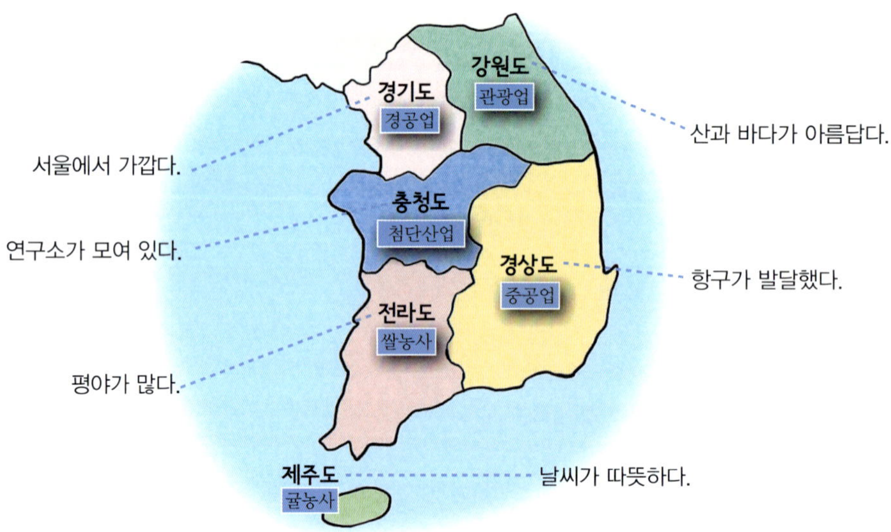

3. 여러분 나라에서는 지역을 어떻게 나눕니까? 그 지역에서 발달한 것은 무엇입니까? 왜 그것이 발달하게 되었습니까? 정리하고 발표해 보십시오.

지역	특징	발달한 것

정리해 봅시다

친구들의 발표를 들어 보십시오. 이유를 적절하게 설명했습니까? 질문하고 싶은 것이 있으면 이야기해 보십시오.

05 발표 시작하기

학습목표 : 발표를 시작할 수 있다.

준비해 봅시다

발표를 시작할 때 어떤 것을 말해야 할까요? 표시하고 보기와 같이 이야기해 보십시오.

보기 안녕하십니까? 저는 오늘 첫 번째로 발표를 하게 된 왕웨이입니다.

이야기해 봅시다

1. 다음 표현을 이용하여 (보기)와 같이 발표를 시작해 보십시오.

> ______________ 에 대해서 ______________
> ______________ 중에서 ______________ 을/를 중심으로 ______________
> ______________ 는데 ______________ 어서 ______________

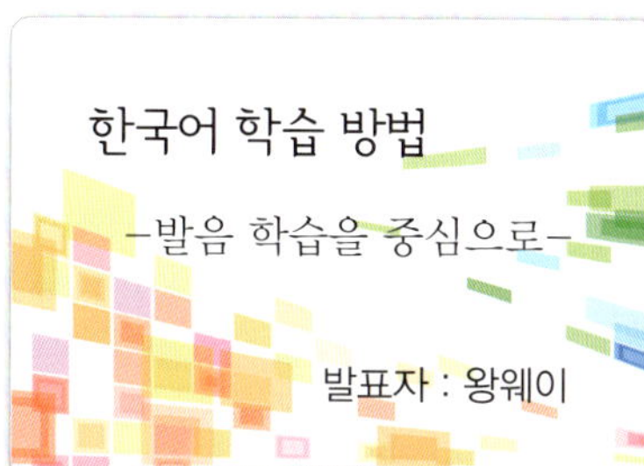

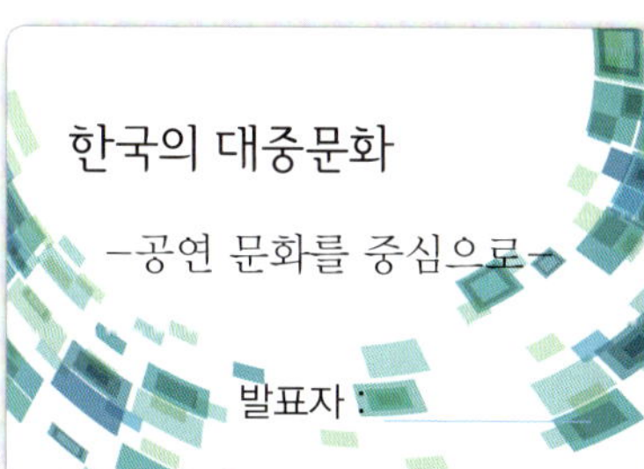

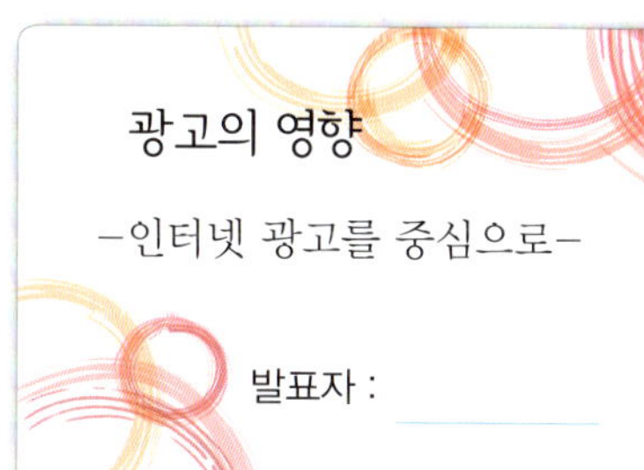

> 보기 안녕하십니까? 중국에서 온 왕웨이라고 합니다. 저는 오늘 '한국어 학습 방법'에 대해서 말씀드리려고 합니다. 한국어 학습 방법 중에서 발음 학습법을 중심으로 발표하겠습니다. 저는 지금 한국어를 배우고 있는데 한국어를 효과적으로 배울 수 있는지 알고 싶어서 이 발표를 하게 되었습니다.

05 발표 시작하기

2. 발표할 내용의 순서를 이야기하고 질문 안내를 하려고 합니다. (보기)와 같이 이야기해 보십시오.

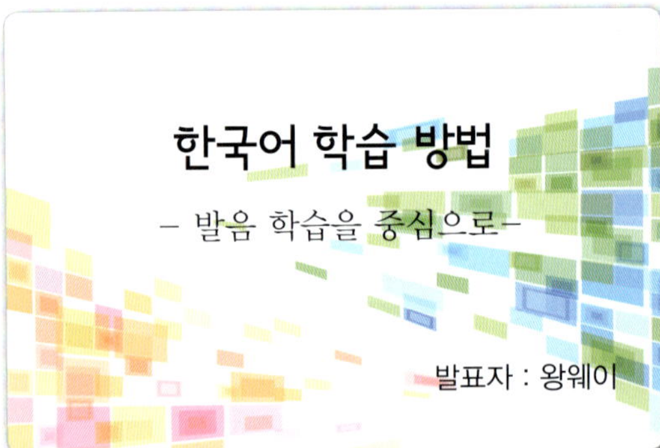

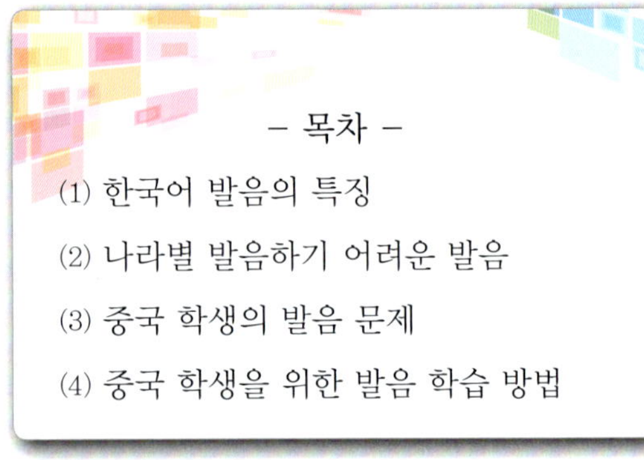

보기

발표 내용을 네 부분으로 나누어서 설명하겠습니다. 먼저 한국어 발음의 특징을 말씀드리고, 다음으로 나라마다 발음하기 어려운 발음이 어떤 것이 있는지 살펴보겠습니다. 그 다음으로 중국 학생의 발음에 어떤 문제가 있는지 살펴본 후에, 끝으로 중국 학생을 위한 발음 학습 방법에 대해서 말씀드리겠습니다. 질문은 발표가 끝난 후에 해 주십시오.

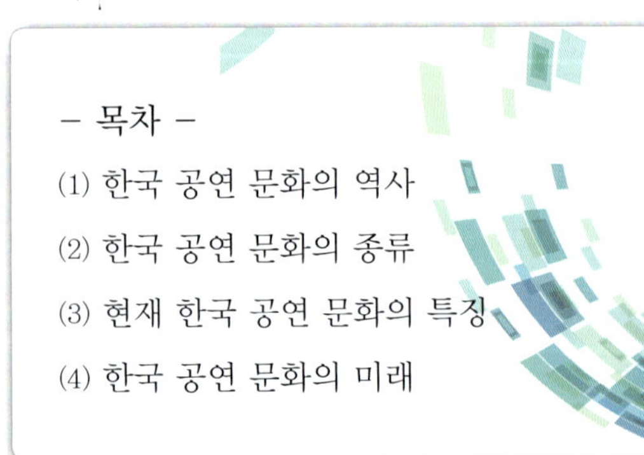

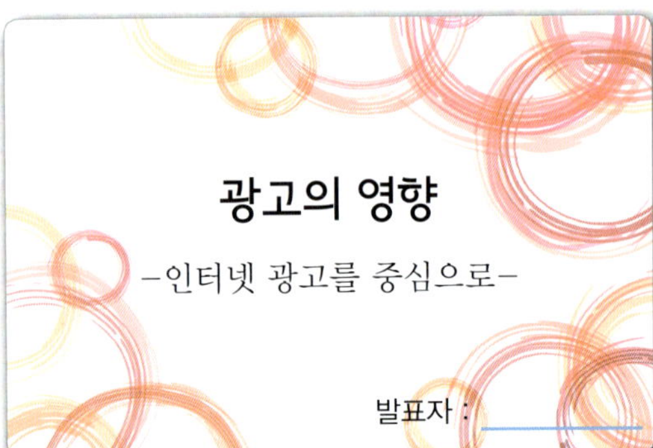

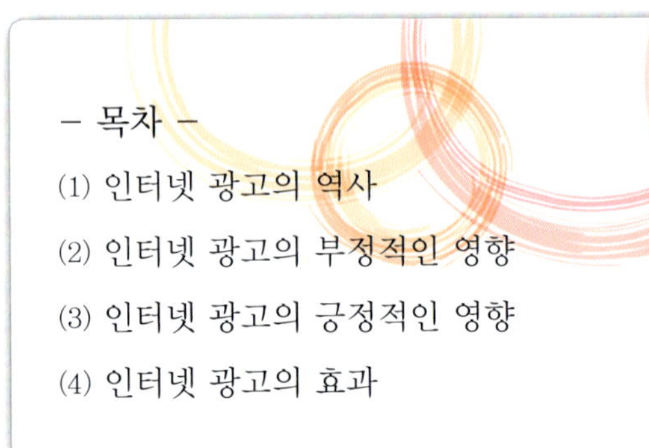

3. 여러분이 원하는 주제로 발표를 하겠습니다. 간단하게 메모하고 아래 순서대로 발표를 시작해 보십시오.

인사/발표자 소개	
주제 소개	
발표 목적	
내용 순서	
질문에 대한 안내	

정리해 봅시다

친구들의 발표를 들어 보십시오. 발표를 잘 시작했습니까? 이해가 안 되는 부분이 있으면 질문해 보십시오.

06 의견 제시하기

학습목표 : 자신의 의견을 말할 수 있다.

준비해 봅시다

여러분은 다음의 질문에 어떻게 대답하겠습니까? (보기)와 같이 이야기해 보십시오.

- 여러분은 우정과 사랑 중에서 무엇이 더 중요합니까?
- 요즘 왜 신문을 읽는 사람들이 줄어들고 있을까요?
- 이력서에 사진을 넣는 것에 대해서 어떻게 생각합니까?

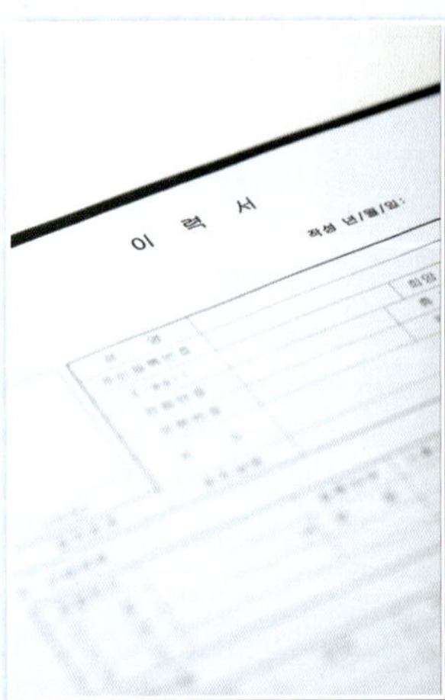

보기

- 저는 우정과 사랑 중에서 우정이 더 중요하다고 생각합니다.
- 제 생각에는 인터넷이나 방송에서 정보를 더 빠르고 편하게 얻을 수 있기 때문에 신문을 읽는 사람들이 줄어들고 있는 것 같습니다.

이야기해 봅시다

1. 다음 표현을 이용하여 (보기) 와 같이 의견을 이야기해 보십시오.

제 생각에는 ______________________________

저도 그렇게 생각합니다/저는 그렇게 생각하지 않습니다.

저는 그 의견에 대해 찬성합니다/ 반대합니다.

외국어 조기교육

- 어릴 때 배우면 발음을 정확하게 배울 수 있다.
- 모국어가 서툴러져서 언어 발달이 늦어진다.

국제결혼

- 자녀가 두 개의 언어를 쉽게 배울 수 있다.
- 언어와 문화 차이 때문에 생기는 문제가 많다.

보기 제 생각에는 학교 공부만 하기보다는 아르바이트를 해서 사회 경험을 쌓는 것이 좋다고 봅니다.

06 의견 제시하기

2. 다음 의견에 대해 어떻게 생각하십니까? (보기)와 같이 이야기해 보십시오.

보기

- 저도 그 의견에 찬성합니다. 외모 때문에 사회 생활이 힘든 사람에게는 성형 수술이 필요하다고 생각해요.
- 저는 그 의견에 반대합니다. 성형수술은 한 번 하게 되면 계속 하게 되는 사람도 있고, 무엇보다 외모만 중요하게 생각하는 사회를 만든다는 점에서 좋지 않다고 생각해요.

(1)

(2)

3. 다음의 주제 중에서 하나를 골라 팀을 나누어 의견을 이야기해 보십시오.

대학교에 입학할 때 전공을 정해야 합니까?	학교 도서관을 24시간 동안 개방해야 합니까?

주제	
찬성/ 반대	찬성(　　)/ 반대(　　)
찬성/반대하는 이유	• • •
다른 사람의 의견에 동의/ 반대하는 이유	• • •

정리해 봅시다

친구들의 의견을 들어 보십시오. 주장하는 이유가 분명하고 표현이 적절합니까? 질문이 있으면 더 이야기해 보십시오.

07 근거 설명하기

학습목표 : 자료와 근거를 제시하여 말할 수 있다.

준비해 봅시다

다음을 이야기할 수 있는 근거는 무엇입니까? 보기 와 같이 이야기해 보십시오.

- 20년 후에는 인도의 인구가 중국의 인구보다 많아질 것이다.
- 남자가 여자보다 수학을 더 잘한다.
- 소득이 적을수록 TV 시청 시간이 길다.

보기

- 남자가 여자보다 수학을 잘해요. 제가 학교 다닐 때 남학생과 여학생들의 수학 성적을 비교했는데 1등부터 20등까지는 거의 다 남학생이었어요.
- 남자가 여자보다 수학을 잘합니다. 이 그래프를 보면 남학생들의 점수가 더 높아요.
- 남자가 여자보다 수학을 잘합니다. 2000년부터 2008년까지의 통계자료에 따르면 남학생들의 수학 성적이 8점 정도 높습니다.

이야기해 봅시다

1. 다음 표현을 이용하여 (보기) 와 같이 자료를 보고 이야기해 보십시오.

_______________ 을/를 보면 _______________

_______________ 에 따르면 _______________

주제

- 한국인은 닭고기의 어느 부위를 좋아합니까?
- 초등학교 학생 수는 어떻게 변화하고 있습니까?
- 부모님을 모시고 사는 가족 형태는 어떻게 달라지고 있습니까?

〈그림 1〉 한국인의 닭고기 선호도

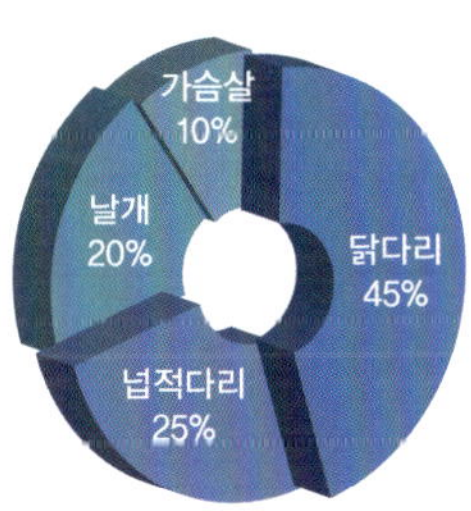

〈식품회사 조사〉

〈그림 2〉 초등학교 학급당 학생수

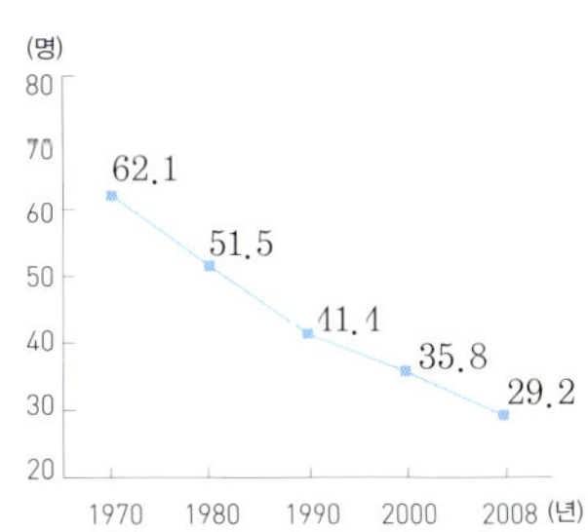

〈통계청 자료〉

〈표1〉 부모님을 모시고 사는 가족 형태의 변화

	2002년	2008년
장남이 모신다.	24.6%	20.1%
장남이 아닌 아들이 모신다.	14.5%	13.0%
딸과 사위가 모신다.	3.6%	4.9%
전체	42.7%	38.0%

〈통계청 자료〉

보기 한국인은 닭다리를 제일 좋아합니다. 〈그림1〉을 보면 한국인의 45%가 닭다리를 좋아합니다. 하지만 한국인은 닭가슴살을 별로 좋아하지 않습니다. 식품회사 조사에 따르면 한국인 중에서 닭가슴살을 좋아하는 사람은 10%밖에 안 됩니다.

2. 자료를 보고 이야기해 보십시오.

(1) 대학 진학률의 변화에 대해 다음 질문을 중심으로 이야기해 보십시오.

- 대학 진학률은 어떻게 변했습니까?
- 여학생과 남학생의 대학 진학률은 어떻게 달라졌습니까?

〈그림 3〉 대학 진학률

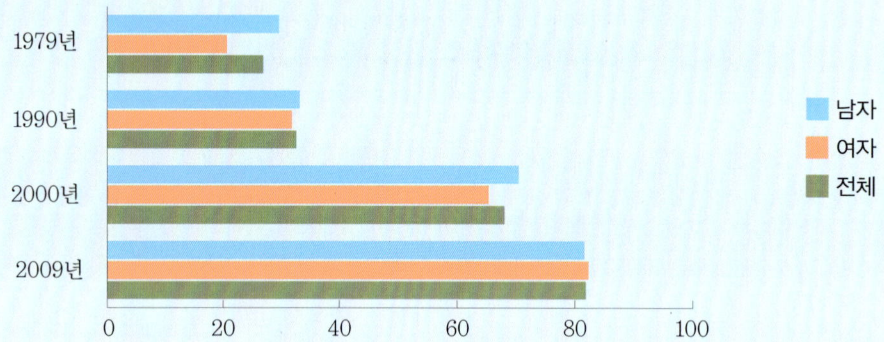

〈통계청 자료〉

보기 통계청 자료에 따르면 대학 진학률은 꾸준히 증가했습니다. 1979년에는 27%였는데 2009년에는 82%로 약 3배 증가했습니다.

(2) 이혼율의 변화에 대해 다음 질문을 중심으로 이야기해 보십시오.

- 이혼율은 어떻게 달라졌습니까?
- 결혼 기간이 20년 이상인 부부의 이혼율은 어떻게 바뀌었습니까?

〈표 2〉 이혼율의 변화

연도	1999년	2001년	2003년	2005년	2007년	2009년
이혼율(%)	2.5	2.8	3.4	2.6	2.5	2.5

〈통계청 자료〉

〈표 3〉 결혼 기간별 이혼율

	1999년	2001년	2003년	2005년	2007년	2009년
0~4년	29.2%	28.2%	24.6%	25.9%	27.1%	27.2%
5~9년	22.8%	23.0%	23.1%	22.3%	20.5%	19.1%
10~14년	18.9%	19.0%	19.6%	18.4%	17.5%	16.1%
15~19년	15.6%	14.8%	14.9%	14.8%	14.7%	14.8%
20년 이상	13.5%	14.8%	17.8%	18.6%	20.1%	22.8%

〈통계청 자료〉

3. 다음 주제 중 하나를 선택하고 여러분이 찾은 정보를 근거로 이야기해 보십시오.

- 잠을 많이 자면 살이 찔까요? 빠질까요?
- 남자와 여자의 평균 신장과 체중은 어떻게 바뀌었습니까?
- 세계 인구는 어떻게 변할까요?

정리해 봅시다

친구들의 발표를 들어 보십시오. 주장의 근거가 적절했습니까? 이야기해 보십시오.

08 자세히 설명하기

학습목표 : 설명을 덧붙이거나 쉽게 풀이하여 설명할 수 있다.

준비해 봅시다

다음을 연결하고 설명해 보십시오.

세 살 버릇이 여든까지 간다 •	• 일회용 젓가락, 일회용 포장지, 일회용 종이컵
일회용품 •	• 어렸을 때부터 좋은 습관을 기르는 것이 중요하다.
아나바다 운동 •	• 아껴 쓰고, 나눠 쓰고, 바꿔 쓰고, 다시 쓰자

보기 '세 살 버릇 여든까지 간다'라는 말이 있습니다. 즉, 이 말은 어렸을 때부터 좋은 습관을 기르는 것이 중요하다는 말입니다.

이야기해 봅시다

1. 다음 표현을 이용하여 (보기)와 같이 더 자세히 이야기해 보십시오.

- 다시 말하면, 바꿔 말하면, 즉
- 자세히 말하면
- 예를 들면

지능지수와 학업 성적은 별로 관계가 없다.	머리가 똑똑해도 학교 성적이 안 좋을 수 있다.
혈우병은 무서운 병이다.	피가 굳지 않기 때문에 한 번 상처가 나면 계속 피를 흘려서 목숨이 위험해진다.
아이와 놀게 되면 아이와 관계가 가까워진다.	사이가 좋아진다는 말이다.
영화 산업은 한 번 성공하면 많은 돈을 벌 수 있다.	'쥐라기 공원'이라는 미국 영화는 전 세계에서 8억 5000만 달러의 돈을 벌었다.

보기 지능지수와 학업 성적은 별로 관계가 없습니다. 즉, 머리가 똑똑해도 학교 성적이 안 좋을 수 있습니다.

2. 다음을 보고 이야기해 보십시오.

(1)

모음조화란?

- 한국말 단어에서 모음이 조화롭게 이루어져서 잘 발음되고 듣기 좋은 현상
- 두 음절 이상의 단어에서, 뒤 글자의 모음이 앞 글자의 모음과 같거나 비슷한 모음과 어울림.
- 'ㅏ, ㅗ'는 'ㅏ, ㅗ'와 어울리고, 'ㅓ, ㅜ'는 'ㅓ, ㅜ'와 어울림.

예)

- 과거 시제를 나타낼 때, '보았다', '먹었다'...
- 어간과 어미가 연결될 때, '잡+아', '벗+어'…
- 소리나 모양을 나타내는 단어로, '퐁당퐁당', '꾸벅꾸벅'…

보기 모음조화란 한국말 단어에서 모음이 조화롭게 이루어져서 잘 발음되고 듣기 좋은 현상으로, 두 음절 이상의 단어에서, 뒤 글자의 모음이 앞 글자의 모음과 같거나 비슷한 모음과 어울립니다. 즉, 'ㅏ, ㅗ'는 'ㅏ, ㅗ'와 어울리고, 'ㅓ, ㅜ'는 'ㅓ, ㅜ'와 어울리는데, 예를 들면, …

(2)

머피의 법칙이란?

- 계속 안 좋은 일이 생길 때 사용하는 표현
- 자신이 바라는 것은 이루어지지 않고, 우연히 나쁜 방향으로만 일이 일어날 때 사용함.

예)

- 열심히 시험공부를 했지만 공부하지 않은 곳에서 시험문제가 나오고, 시험이 끝나고 돌아오는 길에 지갑을 잃어버림.

3. 다음의 주제에 대하여 좀 더 설명하고 예를 정리하고 설명해 보십시오.

주제		구체적인 예
한국말을 공부할 때 어려운 것	• • •	
각 나라의 예절	• • •	

정리해 봅시다

친구의 발표를 들어 보십시오. 설명을 자세히 잘했습니까? 적절한 예를 잘 들었는지 이야기해 보십시오.

09 발표 마무리하기

학습목표 : 발표 내용을 요약하고 발표를 끝낼 수 있다.

준비해 봅시다

발표를 마무리할 때 어떤 것을 말해야 할까요? 표시하고 보기와 같이 이야기해 보십시오.

보기 지금까지 한국어 학습 방법 중에서 발음 학습에 대해서 말씀드렸습니다.

이야기해 봅시다

1. 다음 표현을 이용하여 (보기)와 같이 발표 내용을 정리해 보십시오.

> ____________ 는다는 말입니다.
>
> 정리하면 ____________

인도 사람들이 사용하는 언어는 아주 많습니다. 그런데 인도에서는 같은 언어를 쓰는 사람들이 모여서 살고 있습니다. 그래서 인도에서는 언어에 따라 지역을 나누고 그 언어를 그 지역 공용어로 사용합니다.	제주도는 물 때문에 바닷가에 마을이 만들어졌습니다.
제주도는 바닷가 근처에 마을이 만들어졌습니다. 물론 다른 곳에서도 보통 바닷가에 마을이 만들어지는데, 제주도는 그 이유가 좀 다릅니다. 제주도에서는 바닷가에서만 물을 구할 수 있었기 때문입니다.	인도는 언어로 지역을 나눕니다.
2010년 한국의 인구는 약 5천만 명입니다. 5천만 인구 중 약 천만 명이 서울에 살고 있습니다. 서울의 크기가 한국의 6% 정도밖에 안 되는 것에 비하면 서울에 아주 많은 사람이 살고 있는 것입니다.	전기차는 충전에 시간이 많이 걸리고 속도가 느립니다.
환경을 보호하기 위하여 전기차를 사용하기 시작했습니다. 그런데 이 전기차에는 두 가지 문제점이 있습니다. 전기차는 충전을 해야 하는데, 충전 시간이 15분에서 7시간 정도까지 걸립니다. 그리고 현재 한 시간에 100km까지 달릴 수 있는 것도 있지만 보통 60km가 최고 속도입니다.	서울에 한국 인구의 1/5이 살고 있습니다.

보기 인도 사람들이 사용하는 언어는 아주 많습니다. 그런데 인도에서는 같은 언어를 쓰는 사람들이 모여서 살고 있습니다. 그래서 인도에서는 언어에 따라 지역을 나누고 그 언어를 그 지역 공용어로 사용합니다. 정리하면 인도에서는 언어로 지역을 나눕니다.

2. 다음 PPT 발표 자료를 보고 (보기)와 같이 발표를 마무리해 보십시오.

태풍의 역할

Ⅰ. 서론

태풍의 역할

Ⅱ. 본론

1. 태풍의 원인
2. 태풍에 의한 피해
3. 태풍의 효과

태풍의 역할

Ⅲ. 결론

태풍의 역할이 크다.

보기

저는 오늘 태풍의 원인과 피해, 효과에 대해서 살펴보았습니다. 결론을 말씀드리면 태풍이 주는 피해가 크지만 지구 전체의 공기를 조절해 주는 등의 역할도 한다는 것입니다. 이상으로 제 발표를 마치겠습니다. 지금까지 제 발표를 들어주셔서 감사합니다. 질문이나 의견이 있으시면 말씀해 주십시오.

(1)

옷과 인간 생활

Ⅰ. 서론

옷과 인간 생활

Ⅱ. 본론

1. 옷의 발생
2. 옷의 역할
3. 옷의 효과

옷과 인간 생활

Ⅲ. 결론

옷에 의해 인간 활동 영역이 확대되었다.

(2)

적절한 환율

Ⅰ. 서론

적절한 환율

Ⅱ. 본론

1. 환율 상승의 영향
2. 환율 하락의 영향
3. 적절 환율의 범위

적절한 환율

Ⅲ. 결론

각 나라 물가에 따라 환율이 정해져야 한다.

3. 여러분의 주제로 발표를 마무리하겠습니다. 간단하게 메모하고 아래 순서대로 발표를 마무리해 보십시오.

주제	
발표 요약하기	
결론 말하기	
마무리하기	
끝인사	
질문 받고 대답하기	

정리해 봅시다

친구들의 발표를 들어 보십시오. 잘 이해할 수 있었습니까? 이해가 안 되는 것이 있으면 질문하고 같이 이야기해 보십시오.

10 바르게 말하기

학습목표 : 올바른 태도와 발음으로 바르게 말할 수 있다.

준비해 봅시다

여러분은 발표할 때 어떻게 합니까? 표시해 보십시오.

		1	2	3	4	5
①	주장과 이유를 분명하게 말한다.					
②	문법과 어휘 사용이 정확하다.					
③	떨지 않고 자연스럽게 말한다.					
④	듣는 사람을 보면서 말한다.					
⑤	공식적인 표현과 높임말을 적절하게 사용한다.					
⑥	자연스러운 발음과 억양으로 말한다.					
⑦	자세가 바르고 손짓, 몸짓을 적당하게 사용한다.					

(1– 거의 그렇지 않다, 2– 약간 그렇다, 3– 보통이다, 4– 대체로 그렇다, 5– 거의 항상 그렇다)

30점 이상 –　　　20점 이상 –

25점 이상 –　　　10점 미만 –

이야기해 봅시다

1. 말할 때 정확하게 발음하면 뜻을 분명하게 전달할 수 있습니다. 다음을 정확하게 발음해 보고, 속도를 바꿔 가면서 발음해 보십시오.

아 어 오 우 으 이 에 애 의 위 외 왜 웨 예 얘

가거고구그기, 나너노누느니… 가너도루므비, 나더로무브시…

가	나	다	라	마	바	사	아	자	차	카	타	파	하
거	너	더	러	머	버	서	어	저	처	커	터	퍼	허
고	노	도	로	모	보	소	오	조	초	코	토	포	호
구	누	두	루	무	부	수	우	주	추	쿠	투	푸	후
그	느	드	르	므	브	스	으	즈	츠	크	트	프	흐
기	니	디	리	미	비	시	이	지	치	키	티	피	히

☺ 간장 공장 공장장은 강 공장장이고, 된장 공장 공장장은 장 공장장이다.
☺ 한국 관광공사 곽진광 관광 과장
☺ 이 행사는 삼성생명 협찬입니다.
☺ 검찰청 창살 외철창살 경찰청 창살 쌍철창살
☺ 저기 있는 저분은 박 법학박사이고, 여기 있는 이분은 백 법학박사이다.
☺ 김 서방네 지붕 위의 콩깍지가 깐 콩깍지냐 안 깐 콩깍지냐.

2. 여러 사람 앞에서 말할 때 자연스러운 억양과 속도로 이야기해야 합니다. 단어의 앞부분을 강하게 말하고, 적당하게 속도를 조절하면서 말하는 것이 좋습니다. 여러분의 억양과 속도는 어떻습니까?

너무 낮은 목소리나 너무 높은 목소리로 말합니까?	☐ 그렇다	☐ 아니다
책을 읽는 것처럼 말합니까?	☐ 그렇다	☐ 아니다
단어의 끝과 문장의 끝을 올려 말합니까?	☐ 그렇다	☐ 아니다
억양 없이 말합니까?	☐ 그렇다	☐ 아니다
너무 빠른 속도나 너무 느린 속도로 말합니까?	☐ 그렇다	☐ 아니다
항상 똑같은 속도로 말합니까?	☐ 그렇다	☐ 아니다
알아듣기 쉽게 적당히 끊어서 말합니까?	☐ 그렇다	☐ 아니다

다음을 자연스러운 억양으로 끊어서 읽어 보십시오.

- 사람이 살아가는 데에 사랑과 믿음은 없어서는 안 될 중요한 것입니다.
- 제가 국제결혼을 발표 주제로 선택한 것은 다문화 사회로 변화해 가고 있는 한국 사회의 모습을 살펴보기 위해서입니다.
- 백화점을 찾는 사람들은 줄어든 반면 대형 할인매장을 이용하는 사람들은 점점 늘고 있는 것으로 나타났습니다.

3. 말을 할 때, 목소리나 내용도 중요하지만 얼굴 표정이나 자세 같은 몸짓도 중요합니다. 여러분은 어떤 자세로 말을 합니까?

바른 자세로 똑바로 서서 말합니까?	☐ 그렇다	☐ 아니다
옷이나 물건을 만지면서 말합니까?	☐ 그렇다	☐ 아니다
귀나 머리 등 몸을 만지면서 말합니까?	☐ 그렇다	☐ 아니다
손가락으로 다른 사람을 가리키면서 말합니까?	☐ 그렇다	☐ 아니다
내용에 맞는 표정으로 말합니까?	☐ 그렇다	☐ 아니다
한 사람이나 한 곳만 바라보면서 말합니까?	☐ 그렇다	☐ 아니다
여러 사람들 앞에 설 때 적당한 옷차림입니까?	☐ 그렇다	☐ 아니다

다음을 발음과 속도, 억양, 자세에 주의하면서 자연스럽게 읽어 보십시오.

저는 사형에 반대합니다. 왜냐하면 잘못은 범죄자만의 잘못이 아니라고 생각합니다. 그 사람을 그렇게 만든 것은 사회의 잘못이기도 하기 때문입니다. 약 10년 전에 살인범 김창원은 "나를 잡으려고 많은 경찰들이 뛰어 다니고 많은 돈을 썼는데 나 같은 사람이 생기지 않는 방법이 있다. 내가 초등학교 때 선생님이 '너는 착한 아이이다.'하고 머리 한 번만 만져 주면서 나에게 칭찬과 부드러운 이야기를 해 주었으면 내가 이렇게까지 되지 않았을 것이다. 5학년 때 선생님이 '넌 돈 안 가져 왔는데 뭐 하러 학교에 와, 빨리 나가'하고 소리쳤는데 그때부터 마음속에 나쁜 마음이 생겼다."라고 말했습니다. 그 때 선생님이 친절하게 김창원을 대했으면 어땠을까요?

지난달에 한국대학교를 1등으로 졸업한 시각장애인 김민정 씨와 안내견 '미소'를 아십니까? 김민정 씨는 공부를 열심히 할 수 있었던 것도 '미소'가 있었기 때문이고, 친구들과 잘 어울릴 수 있었던 것도 '미소'가 있었기 때문이라고 말했습니다. 한국대학교는 졸업식 날 미소가 입을 졸업 가운을 만들어 줬고 졸업식 때 김민정 씨와 미소가 같이 졸업 가운을 입게 해 줬습니다. 김민정 씨는 그동안 힘들게 공부하면서도 시각장애인을 돕는 활동을 해 왔습니다. 김민정 씨는 성적만 강조하는 교사가 아니라 아이들 인생에 큰 의미를 줄 수 있는 좋은 교사가 되고 싶다고 합니다.

정리해 봅시다

친구들의 이야기를 들어 보십시오. 친구의 어떤 점이 좋았고 어떤 점이 부족했습니까? 서로 이야기해 보십시오.

색인